# HOMELIE XI.

## POUR LE QUATRIÉME DIMANCHE APRÉS L'EPIPHANIE, SUR L'ORAGE APPAISÉ.

*Par M. le Curé de S. Sulpice.*

A PARIS,
Chez RAYMOND MAZIERES, ruë S. Jacques, prés la ruë du Plâtre, à la Providence.

M. DCCVI.

*AVEC APPROBATION ET PRIVILEGE DU ROY.*

# TEXTE DU SAINT EVANGILE SELON SAINT MATHIEU.

EN ce temps-là, Jesus montant dans une Nacelle, ses Disciples le suivirent, & voilà aussi-tôt une grande tempeste qui s'éleva dans la mer, ensorte que la Nacelle estoit toute couverte de vagues; & cependant luy dormoit : & ses Disciples s'approchant l'éveillerent, disant, Seigneur, sauvez-nous, nous perissons : & Jesus leur dit : pourquoy estes-vous timides, hommes de peu de foy ? & alors se levant il commanda au vent & à la mer de s'appaiser, & il se fit un grand calme : or ceux qui virent cette merveille pleins d'étonnement dirent entre eux : quel est celuy-cy, à qui les vents & la mer obéïssent ? *Matth.* 8.

## LE MESME TEXTE SELON SAINT MARC.

En ce jour-là sur le soir Jesus leur dit, passons à l'autre bord du Lac : & aprés qu'ils eurent congedié la troupe du peuple, ils le prirent avec eux dans la Nacelle, & il y avoit encore d'autres barques avec luy : & il s'éleva un grand tourbillon de vent qui jettoit les vagues dans la Nacelle, ensorte qu'elle se remplissoit d'eau : cependant Jesus estoit à la poupe dormant sur un oreiller : & ils l'eveillerent, luy disant, Maistre, ne vous mettez-vous point en peine de ce que nous perissons ? & se levant il menaça le vent, & dit à la mer : taisez-vous, calmez-vous ; & aussi-tôt le vent cessa, & il se fit une grande tranquillité. Et il leur dit, pourquoy estes-vous craintifs ? n'avez-vous point encore de foy ? & ils furent saisis d'une grande frayeur, se disant l'un à l'autre ; à vostre avis quel est celuy-cy à qui le vent & la mere obéïssent ? *Marc* 4.

## LE MESME TEXTE SELON SAINT LUC.

Or il arriva qu'en un certain jour il monta dans une Nacelle avec ses Disciples & leur dit : passons au delà du Lac, & ils monterent dans la Nacelle : & comme ils voguoient il s'endormit, & un tourbillon de vent s'éleva dans le Lac, qui remplissoit la Nacelle d'eau, & les mettoit en danger de se perdre : alors ils s'approcherent & ils l'éveillerent, disant, Maistre, nous perissons : & luy se levant, il menaça le vent & la tempeste de l'eau, qui cessa aussi-tôt, & il y eut une grande bonace : álors il leur dit : où eſt voſtre foy ? eux ſaiſis de crainte, & d'admiration, ſe dirent les uns aux autres : à voſtre avis quel eſt celuy qui commande aux vents & à la mer, & ils luy obéïſſent ? *Luc* 8.

# HOMELIE ONZIÉME
## SUR
## L'ORAGE APPAISÉ.

IL eſt certain dans la penſée des Peres, que cette Nacelle agitée des vents & des flots dans laquelle Jeſus-Chriſt & ſes Apoſtres ſe trouverent, fut la figure de l'Egliſe, qui dés le commencement juſqu'à la fin ſera toûjours, ou perſecutée par les tyrans, ou exercée par les heretiques, ou éprouvée par les ſouffrances: & qui cependant malgré les efforts de tant d'orages, parviendra heureuſement au port de ſalut: l'évenement ayant montré que les perſecutions n'ont ſervi qu'à affermir ſa foy, les hereſies qu'à faire éclater ſa ſageſſe, les tribulations qu'à faire triompher ſa patience, & en un mot toutes les tentations du ſiecle, qu'à accroiſtre la gloire de l'Egliſe, laquelle n'auroit pas eu de Martyrs, si elle n'avoit pas eu de persecuteurs, ajoûte excellemment saint Ambroise : *Tolle persecutiones, & Martyres desunt : tolle Martyrum certamina, tulisti coronas.* Telle est l'interpretation de Tertullien : *Navicula illa figuram Ecclesiæ præferebat, quod in mari, id est seculo, fluctibus, id est, persecutionibus, & tentationibus, inquietatur, Domino per patientiam velut dormiente, donec precibus sanctorum in ultimis suscitatus, compescat seculum, & tranquillitatem suis reddat.* Saint Augustin nous enseigne la mesme doctrine en ce peu de paroles : *naviculam istam, fratres, Ecclesiam cogitate : turbulentum mare, hoc seculum.* C'est cette Nacelle, continuë ce Pere au mesme endroit, qui premierement fabriquée à Jerusalem, & poussée ensuite par les vents & les flots, aborde sans cesse dans un nombre infini de ports & de climats, où elle aporte à toutes les differentes nations du monde, les precieuses richesses de l'Evangile : *navis hæc edificata in Jerusalem, atque inde in medio pelagi hujus frementis emissa, omnium gentium littoribus appulit, &c.*

2°. Mais outre cette vûë generale, il est vray encore que cette mesme Nacelle agitée, est l'image du fidele exposé à de continuels perils, sur la mer orageuse de ce monde, *navigamus enim per quoddam stagnum*, dit encore saint Augustin expliquant à son peuple l'endroit où nous en sommes : *& ventus & procellæ non desunt : tentationibus quotidianis hujus sæculi propè completur nostrum navigium : unde autem fit ? nisi quia dormit Jesus.* Cependant que le fidelle ne se décourage pas, & qu'il apprenne aujourd'huy que ceux mesmes

mes qui navigent avec Jeſus-Chriſt, ne ſont pas exempts de ces dangers, & que ſi la violence des tentations l'exerce auſſi-bien qu'eux, l'abondance des ſecours divins ne luy manquera pas non plus qu'à eux : ſoit que le monde déchaîné le tourmente au dehors, ſoit que la convoitiſe émûë le trouble au dedans, pourvû qu'avec les Apoſtres épuiſez de force & de courage pour avoir combattu la tempeſte, & la crainte, il ait recours à Jeſus-Chriſt.

Que ſi l'on demande pourquoy le Seigneur a voulu particulierement nous faire acquerir le repos, par les travaux & par les peines patiemment endurées, on répondra que c'eſt par une ſurabondance de miſericorde : car comme il a établi que le Baptême qui nous donne la naiſſance, & l'Euchariſtie qui nous conſerve la vie, en un mot que la grace des Sacremens, ſi neceſſaires à noſtre ſanctification, fût attachée à des ſignes les plus communs & les plus aiſez à trouver : ainſi il a ordonné par une extrême bonté, & pour nous faciliter le ſalut, que les moyens de nous le procurer, ſe trouvaſſent, non ſous les richeſſes, les plaiſirs & les honneurs qui ſont rares & difficiles à obtenir, & qui pourroient nous corrompre; nourrir en nous l'orgueil; nous attacher à la terre, nous faire oublier le Createur; mais ſous les adverſitez & les afflictions, qui ſont les choſes du monde les plus frequentes, les plus continuelles, & les plus inévitables meſmes; afin que nous euſſions toujours en main de quoy avancer l'œuvre de Dieu en nous; & que la tourmente auſſi-bien que le calme, les adverſitez auſſi-bien que les proſperitez, ſerviſſent à nous faire avancer dans la route du Ciel, & entraſſent dans l'œconomie de nôtre ſalut : en ſorte qu'élevez par les conſolations, puis abaiſſez par les tribulations comme par les vents & les ondes d'une mer agitée, nous imitaſſions les Apoſtres, que nous réveillaſſions par nos cris interieurs le Seigneur, qui ſeul peut calmer l'orage, & nous conduire au port.

3°. Ajoûtons en dernier lieu, que cette horrible tempeſte repreſente auſſi l'état du pecheur à l'heure de la mort, agité par les troubles violens de ſa conſcience criminelle, & ſur le point de faire un funeſte naufrage : en quelles angoiſſes ne ſe trouve-t-il point alors? & quels flots de triſteſſe n'inondent pas ſon cœur, pour s'exprimer avec un fameux impie reduit en cet état : *& dixi in corde meo, in quantam tribulationem deveni, & in quos fluctus triſtitiæ in qua nunc ſum!* le ſouvenir de ſes crimes paſſez, l'image de la mort preſente, la crainte des maux à venir cauſoient en luy ces terreurs mortelles dont les juſtes meſmes ne ſont pas toujours exempts : le Prophete ne les éprouvoit-il pas luy-meſme, lors qu'effrayé dans la vûë de ſa derniere heure il diſoit à Dieu pour lors comme endormi pour luy : que les douleurs de la mort, & les périls de l'enfer l'avoient environné de toutes parts : *circumdederunt me dolores mortis, & pericula inferni invenerunt me*, & que dans ſa tribulation il avoit invoqué le Seigneur? mais quoy, il faut ſe reſoudre à ce dernier paſſage, ſaints & pecheurs : le ſouverain Juge en a ſigné l'arreſt dés que nous avons commencé d'eſtre vivans, parce que deſlors nous avons commencé d'eſtre coupables : il a condamné noſtre premier pere à la mort , & en ſa perſonne tous ſes deſcendans : *morte morieris :* c'eſt un decret irrevocable. *Statutum eſt omnibus hominibus ſemel mori.* Dieu l'a dit , & qui dit Dieu, dit la toute-puiſſance, la ſageſſe , la juſtice & la bonté meſme. C'eſt une puiſſance à laquelle vous ne ſçauriez reſiſter : une ſageſſe que vous n'oſeriez cenſurer : une juſtice que vous ne pouvez blâmer : une bonté dont il n'eſt par permis de ſe plaindre. C'eſt un Roy qui veut ; un Sage qui prononce ; un Juge qui ordonne ; un Pere qui diſpoſe : que peut oppoſer à cela un ver de terre ?

Adorez donc plûtoſt cette puiſſance ſouveraine qui vous a tiré du neant, & qui peut vous y reduire : ce droit abſolu que le Createur a ſur la creature : ce Roy des ſiecles qui porte en ſes mains les clefs de la vie & de la mort : il vous a ouvert les portes de la vie quand il a jugé à propos de vous faire naiſtre ; il vous ouvrira les portes de la mort quand il trouvera bon de vous retirer de cette vie : comme vous n'avez pû avancer voſtre entrée au monde, vous ne ſçauriez retarder voſtre ſortie du monde , vos momens ſont comptez, & il eſt juſte que le mortel ſe ſoûmette à cet ancien des jours , qui n'a ny commencement ny fin, & qui donne à tout le commencement & la fin.

Reſpectez cette ſageſſe tranquille & profonde qui gouverne l'univers par des voyes auſſi ſuaves que fortes , qui conduit inſurmontablement , & naturellement chaque chose à la fin qu'elle luy a destinée, qui veut vous introduire à l'immortalité par la mort, vous communiquer une vie permanente par le bon usage d'une vie passagere, & par les actes d'une soûmission, d'une patience & d'une resignation toute amoureuse & volontaire, changer l'indispensable & dure necessité de mourir une fois, en une douce & sure esperance de vivre toujours.

Craignez cette justice toute sainte & toute équitable qui fait trouver la punition du peché dans le peché mesme : & qui sous l'appas trompeur d'un plaisir défendu, vous avertit que l'aiguillon de la mort y est caché : si donc vos yeux doivent cesser de voir, vos oreilles d'entendre, vostre bouche de parler, vos mains de toucher, vos pieds de marcher, vostre corps de sentir, vostre cœur de desirer, ne vous en prenez qu'aux blessures mortelles que vous vous estes faites à vous-mesme, & au poison que vous avez bien voulu boire.

Enfin aimez cette bonté qui veut par de courtes & legeres douleurs d'une fin temporelle, vous faire racheter un supplice qui n'eut pas eu de fin, & vous faire meriter un bonheur qui durera toujours.

D'ailleurs ne sentez-vous pas que votre ame par un secret instinct demande la dissolution de vostre corps infirme & usé, qu'elle a peine à remuer ? ce corps de tout temps rebelle aux actions vertueuses, n'est-il pas devenu par l'âge incapable des fonctions mêmes naturelles ? tout tend en vous à sa ruine, & rien n'est bien vivant en vous que la convoitise qui ne peut mourir, & qui ſeule eſt cauſe de la mort.

Ne voyez vous pas de plus que le monde eſt las de vous: vos heritiers & juſqu'à vos enfans trouvent que vous vivez trop, & voſtre ſucceſſeur s'ennuye dans l'attente d'occuper voſtre place? tous diſent avec ce Pere de famille de l'Evangile, que fait encore cet homme ſur la terre? *ut quid etiam terram occupat?* Cependant, ô homme inſenſé, s'écrie ſaint Auguſtin, vos jours paſſent & vous voulez ne pas paſſer avec vos jours? vous voulez demeurer ſtable au milieu de leur inſtabilité? *ipſi dies non ſtant, tu quare cum illis vis ſtare?* Vous voudriez arreſter les beautez fugitives des creatures qui s'échappent à tout moment: & empeſcher ou que vous ne les quittaſſiez, ou qu'elles ne nous quittaſſent, mais elles s'en vont malgré vous comme les fleurs avec le printemps, & elles ne vous laiſſent que le regret de les avoir perduës, & que l'inquietude d'en chercher de nouvelles, que vous perdrez encore à leur tour, continuë le meſme Pere: *unde fit ut dum ordinem ſuum peragit pulchra mutabilitas temporum, deſerit amantem ſpecies concupita: ita fit inquietus & ærumnoſus animus, fruſtra tenere à quibus tenetur exoptans.*

Pour nous redreſſer de ces égaremens étudions l'Evangile d'aujourd'huy, & voyons ſous l'écorce d'une tempeſte exterieure qui arriva ſur la fin du jour: *cùm ſero eſſet factum*, les agitations violentes d'une conſcience criminelle & timide à l'heure de la mort, lorſque le ſoir de la vie eſtant venu, le Pere de famille dira à ſon Intendant d'appeller les ouvriers, & de rendre à chacun ſuivant ſes œuvres: *cùm ſero autem factum esset, dicit Dominus vineæ procuratori suo, voca operarios, & redde illis mercedem.* O Seigneur, ô lumiere éternelle qui n'avez point de nuit, faites que quand nostre derniere heure sera venuë, nous ne passions point de la clarté de ce monde à l'obscurité de l'autre, mais qu'au flambeau de la foy qui nous éclaire en cette vie, & qui finit avec elle, succede le plein jour de la gloire qui n'aura jamais de soir; *largire clarum vespere quo vita nusquam decidat, sed præmium mortis sacræ perennis instet gloria.*

## PREMIERE CONSIDERATION.

Le texte sacré nous dit que cette tempeste arriva en l'un des jours; ou en un certain jour; *factum est autem in una dierum*, & selon saint Marc; *& ait illis in illa die.* Quel est ce jour remarquable entre les autres jours, *in una dierum?* ce jour par excellence auquel le Seigneur parle à l'homme? *& ait illis in illa die?* sinon le grand jour du Seigneur? sinon le jour mauvais du pecheur? ce jour qui sera le dernier de nos jours: & qui se distingue d'avec les autres jours, par les qualitez suivantes.

1°. Il est le plus certain des jours, ou plûtost il est le seul jour certain entre tous le jours qui composent la vie, lesquels hors celuy-cy sont tous tres-incertains: car qui peut repondre du lendemain? & au contraire qu'y a-t-il de plus certain que le jour de la mort? les Apôtres eux-mesmes, quoyqu'ils fussent avec l'Auteur de la vie, estoient si assurez de mourir, qu'ils crurent que leur derniere heure estoit venuë : *perimus* : helas ! crierent-ils, nous perissons : nul homme n'en peut estre exempt : riches & pauvres, grands & petits, ignorans & sçavans, Pontifes & Rois, pecheurs & Saints : il faut tous mourir. *Nemo est qui semper vivat, & qui hujus rei habeat fiduciam*, dit le Sage : quel est celuy qui peut se promettre de vivre toujours, & d'éviter de payer la dette commune, dit encore le Psalmiste ? *Quis est homo qui vivet, & non videbit mortem, eruet animam suam de manu inferi ?* l'Arrest en est porté, *morte morieris* : l'experience journaliere ne nous l'apprend que trop, *omnes morimur & quasi aquæ dilabimur in terram quæ non revertuntur.* Nous portons en nous-mesmes un fonds de mortalité qui nous précipite d'un moment à l'autre au tombeau : *ex quo nascitur homo, dicendum est non evadet*, dit saint Augustin : estre né, c'est un titre infaillible pour mourir : nous sommes atteints en venant au monde d'une maladie incurable, qui ne finira qu'avec nostre vie : *quando natus est homo, ægrotare cœpit, quando mortuus fuerit, finit ægritudinem.* Les langes dont on nous enveloppa quand nous nâquimes, furent les présages assurez du suaire dont on nous ensevelira quand nous mourrons, dit Tertullien : & nous mourrons, non pas à cause que nous languissons, mais à cause que nous naissons : outre ces causes interieures, que d'accidens exterieurs & frequens peuvent abreger nos jours ? combien de gens sont enlevez par mille cas fortuits, & presque inévitables, tel que celuy auquel les Apostres se trouverent aujourd'huy : mais quand nous aurions assez de santé, de prudence & de bonheur pour les éviter, la vieillesse ne viendra-t-elle pas enfin nous accabler? la mort est à la porte des vieillards, & elle tend des pieges aux jeunes gens, dit saint Bernard: d'ailleurs pouvez-vous resister à ces esprits préposez à la mort, qui tôt ou tard redemanderont vostre ame? *stulte, hac nocte animam tuam repetunt à te*: doctrine des plus anciens Peres, & interpretes de ces paroles de l'Ecriture, aussi-bien que de celles-cy: l'homme n'a pas le pouvoir de resister à l'esprit qui viendra l'enlever de ce monde: *non est in hominis potestate prohibere spiritum, nec habet potestatem in die mortis.* Ne fut-ce pas les Anges qui porterent l'ame du Lazare dans le sein d'Abraham? que ferons nous-nous donc, s'écrie saint Chrysostome, lorsque ces puissances terribles, & ces vertus formidables, nous apparoîtront à l'heure de la mort; pour enlever nostre ame au tribunal du juste Juge? *quid faciemus cùm minaces Angeli, & rescindentes animam à corpore virtutes & potestates, nos invadent?* lorsque ces satellittes de la mort se presenteront à nous, ajoûte saint Ephrem, pour nous arracher de ce corps que nous ne voudrions pas quitter? *quando dominicæ copiæ atque satellites advenerint, quando formidabiles exercitus, &c.* Enfin resisterons-nous à Dieu mesme qui a mesuré nos jours, *mensurabiles posuisti dies meos*: & leur nombre n'est-il pas arresté devant vous, Seigneur, sans que nous puissions jamais aller un moment au delà: *numerus mensium ejus apud te est, constituisti terminos ejus qui præteriri non poterunt.*

2°. Ce jour quoyque si certain en luy-mesme est le

le plus incertain de tous les jours de nostre vie : car quel est l'homme qui sçache le jour auquel il doit mourir ? les Apôtres n'avoient pas le moindre soupçon qu'en entrant dans cette barque, ils dussent estre submergez des flots, & reduits à crier, sauvez-nous, Seigneur, nous perissons. *Necessè est ut moriamur*, dit saint Augustin, *& quod est gravius, quando, nescimus.* La peine est aussi assurée, que l'heure est incertaine : *pœna certa, hora incerta* : les circonstances de ce jour sont aussi inconnuës que ce jour mesme, car que sçay-je comment je mourray ? sera-ce le jour ou la nuit, aux champs ou à la ville, en esté ou en hyver, sur la terre, ou sur l'eau ? mourray-je jeune ou vieux ; de maladie ou d'accident, d'une mort tranquille ou violente : avec les Sacremens, ou sans Sacremens, en état de grace ou de peché : de la mort d'un élû, ou d'un réprouvé ? qui peut le sçavoir ? *Nescit homo finem suum, sed sicut pisces capiuntur hamo, & sicut aves laqueo comprehenduntur, sic capiuntur homines in tempore malo, cum eis repentè supervenerit interitus.* Tel estoit ce jour, *in illa die*, auquel les Apôtres furent surpris par la tempeste : ils n'avoient pas la moindre pensée que la mort fût si prés d'eux : ny qu'ils dussent périr par un naufrage plûtost que par un autre genre de mort : *& facta est procella magni venti.*

3°. Ce jour si certain en luy-mesme, & si incertain dans ses circonstances, est toûjours inopiné, *& ecce motus magnus factus est in mari* : expression qui marque de la surprise, *& ecce* : la mort arrive quand on s'y attend le moins : *repentina illa dies* : c'est ainsi que Je-

ſus-Chriſt l'appelle : nous avertiſſant que le Seigneur viendra juger le méchant ſerviteur, *in die qua non ſperat, & hora qua neſcit :* cependant on n'y ſonge pas : le demon qui perſuada à nos premiers parens qu'ils ne mourroient point du tout, nous perſuade encore que nous ne moûrrons point du moins aujourd'huy, ny cette ſemaine, ny ce mois, ny cette année, ny avant la fin de ce procés, de cette affaire, de cet établiſſement : pleins de projets & de deſſeins, nous ne croyons jamais que la mort doive venir ſi-tôt les interrompre : mais helas, elle frappe à noſtre porte, & elle vient couper le fil de nos années, quand nous nous y attendons le moins ! *dum adhuc ordirer ſuccidit me.* C'eſt le cas où ſe trouvent aujourd'huy les Diſciples : rien de plus inopiné, de plus ſurprenant pour eux, rien de moins prévû que cette tempeſte, qui tout d'un coup lorſqu'ils s'y attendoient le moins, les mit à deux doigts de la mort : *& ecce motus magnus factus eſt in mari.*

4°. Mais ce qu'il y a de plus triſte pour l'homme, c'eſt que ce jour redoutable n'arrive qu'une fois : auſſi fut-ce la ſeule fois que les Apoſtres ſe trouverent en péril, & qu'ils crierent : *Magiſter non ad te pertinet quia perimus ?* & c'eſt avec raiſon qu'ils appellent Jeſus-Chriſt en cette occaſion, Maiſtre ou Docteur, *Magiſter, præceptor*, parce qu'il leur enſeignoit ſouvent de ſe tenir prêts à toute heure, puiſqu'on ne ſçait pas quand la mort arrivera ; quoyqu'on ſçache bien qu'elle n'arrivera qu'une fois, *in una dierum*, dit le texte ſacré au ſujet des Apoſtres, plus prés de perir qu'ils n'avoient penſé : que ſi nous mourons mal la premiere fois, ſi nous réüſſiſſons mal dans cette grande & importante affaire, comme il n'arrive que trop dans celles qui ſont inopinées, difficiles & imprévûës, auſquelles on ne s'eſt ny attendu ny exercé ny préparé, nous ne reviendrons pas une ſeconde fois pour mourir mieux : combien cette conſideration doit-elle faire d'impreſſion ſur noſtre eſprit ? Saint Pierre & ſaint Paul ſe ſervent de ce motif pour nous obliger de travailler à noſtre ſalut, parce que Jeſus-Chriſt, diſent ils, n'eſt mort qu'une fois pour nous, & qu'il ne reviendra pas encore répandre ſon ſang pour nous une ſeconde fois : *Chriſtus ſemel pro peccatis noſtris mortuus eſt : neque ut ſæpe offerat ſemetipſum : nunc autem ſemel per hoſtiam ſuam apparuit.* On ne peche pas deux fois en cette matiere : du côté que nous tomberons, nous y demeurerons, *ubi ceciderit arbor ibi erit :* Rachel aura beau pleurer ſes enfans, ils ne reviendront pas : ce ſont deux arreſts également irrevocables, & que nous mourrons, & que nous ne mourrons qu'une fois ; *ſtatutum eſt omnibus hominibus ſemel mori.* Quand l'homme ſe ſera une fois endormi du ſommeil de la mort, il ne ſe réveillera plus, juſqu'à ce que le bruit effroyable de la deſtruction & de la chute des cieux vienne interrompre ſon repos : *homo cum dormierit non reſurget, donec atteratur cælum non evigilabit, nec conſurget de loco ſuo.* Que ſervent donc tant d'inquietudes, de travaux & de ſoins que nous nous donnons, pour établir noſtre fortune, ou noſtre réputation ? nous ſommes dans une Nacelle, qui tôt ou tard ſera indubitablement naufrage, & que deviendront alors ces eſperances de grandeur & de gloire vers lesquelles nous voguons à pleines voiles comme vers des Isles fortunées ? ô pensée salutaire de la mort qui avez peuplé tant de Monasteres & de deserts, qui avez imposé un frein à la convoitise de tant d'avares & de voluptueux, & rempli le Ciel de tant de Saints : ne pouvez-vous rien sur nous ?

5°. Enfin ce jour est décisif de nostre bonheur, ou de nostre malheur éternel : comme cette tempeste d'aujourd'huy le fut de la vie ou de la mort des Apôtres ; *& complebantur, & periclitabantur :* soyons donc prêts avant que l'orage qui doit nous engloutir arrive, c'est le dernier devoir de pieté que nous nous rendrons à nous-mesmes : imitons Marie de Bethanie, répandons sur nous le baume de la pieté, pour prévenir le jour de nostre sepulture : imitons les Apôtres, prenons Jesus-Christ avec nous dans nostre Nacelle avant que la tempeste gronde : *& assumunt eum ita ut erat in navi :* nous ne perirons pas avec celui qui commande à la mer & aux vents : *& increpavit ventum, & dixit mari, tace, obmutesce.*

## SECONDE CONSIDERATION.

L'Evangile ajoûte que les Disciples prés de s'embarquer, congedierent la troupe du peuple qui les suivoit : *& dimittentes turbam :* nouvelle circonstance de la desolation d'un homme à l'heure de la mort. Il quitte tout le monde, & tout le monde le quitte, biens, honneurs, plaisirs, maisons, divertissemens, parens & amis, femmes & enfans, tout disparoit à ſes yeux, & pour toujours : ne vous laiſſez point éblouïr par l'éclat trompeur de l'homme riche, dit le Pſalmiſte, parce que quand il mourra, il laiſſera tout ce qu'il poſſede, & n'emportera rien avec luy de tous ſes treſors : *ne timueris cùm dives factus fuerit homo, & cùm multiplicata fuerit gloria domus ejus : quoniam cùm interierit non ſumet omnia, neque deſcendet cum eo gloria ejus.* Déplorable condition de l'infirmité humaine, l'homme eſt ſorti nud du ſein de ſa mere, il rentrera nud dans le ſein de la terre : *miſerabilis prorſus infirmitas, quomodo venit, ſic revertetur.* La mort le dépouïlle non ſeulement de tous ſes biens, mais encore de toutes ſes qualitez, du titre pompeux de Roy, de Pontife, d'Empereur, & quand il ferme les yeux, ce n'eſt plus qu'un homme comme les autres : l'Ecriture aprés avoir toujours nommé David du nom de Roy, venant à ſon trépas, dit ſeulement que les jours de David s'approcherent auſquels il devoit mourir, ſans faire plus mention de la qualité de Souverain : *appropinquaverunt autem dies David ut moreretur.* Qui ne ſçait pas ce que fit un grand & belliqueux Prince à l'heure de la mort ? il ordonna qu'on mît un drap mortuaire au haut d'une lance, qu'on le portât par toutes les places & les ruës de ſa Capitale, & qu'un heraut criât à haute voix : voilà ce que le monarque de l'Aſie emporte avec luy de tous ſes treſors : un celebre Pontife revêtu d'ornemens majeſtueux, marchant en grande ceremonie à la tête d'un peuple infini, avoit ordonné qu'au milieu de toute cette pompe, on luy vint dire à l'oreille : vous avez ordonné qu'on travaillât à vostre sepulture, commandez donc qu'on l'acheve au plûtost, car vous n'avez peut-estre pas un moment à vivre. Saint Augustin expliquant ces paroles de l'Apostre : nous n'avons rien apporté en ce monde quand nous y sommes venus, & sans doute que nous n'en rapporterons rien quand nous le quitterons : *nihil intulimus in hunc mundum, haud dubiè quòd nec auferre quid possumus :* que le riche, dit ce Pere, n'aille point se preferer au pauvre, comme s'il estoit plus que luy : qu'on prenne l'enfant du plus opulent homme de la terre quand il vient de naistre, & celuy du plus indigent qui fut jamais quand il paroist au jour : qu'on mette ces deux enfans l'un auprés de l'autre tels qu'ils sont sortis du sein de leurs meres : qu'on se retire un peu, & qu'on demande qu'est ce que celuy-là apporte plus que celuy-cy ? *pariant simul mulier dives, & mulier pauper, discedant paululùm : non interrogo in vestibus quales sitis, sed quales nati fueritis, ambo nudi, ambo infirmi, ambo miseram vitam inchoantes :* ne viennent-ils pas tous deux également dénuez de tout; également nuds ; également miserables ? qu'est-ce que l'un a donc à reprocher à l'autre ? de quoy peut-il se glorifier par dessus luy ? & quand ils mourront qu'est-ce que le riche emportera plus que le pauvre ? *quod dixi de natis, hoc dico de mortuis :* qu'on aille visiter les tombeaux, qu'on prenne cette affreuse multitude d'ossemens qui s'y trouvent, qu'on les mette les uns prés des autres, & qu'on demande quel avantage les ossemens des riches, ont-ils pardessus les ossemens des pauvres, qu'ont-ils emporté avec eux de tous leurs biens par deſſus les plus pauvres? *certè quando caſu aliquo vetera ſepulchra franguntur, oſſa divitis agnoſcantur.* Peut-on ſeulement les diſcerner? juſques à quand l'homme ſe méconnoîtra-t-il? ah! combien ce premier des ſolitaires avoit-il raiſon de dire à celuy qui le viſitoit dans ſon deſert: vous voyez un homme qui bien-tôt ne ſera que poudre: *vides hominem pulverem mox futurum?* combien cette celebre penitente écrivit-elle dignement ſon Epitaphe quand elle traça ſur le ſable ces paroles touchantes: enterrez, Abbé Zozime, le corps de la pechereſſe Marie: rendez à la terre ce qui appartient à la terre, & couvrez la pouſſiere de la pouſſiere: *ſepeli, Abba Zozime, miſeræ Mariæ corpuſculum: redde terræ quod ſuum eſt, & pulveri adjice pulverem?* que ſi du lit de la mort où toutes choſes quittent l'homme, nous le ſuivons dans le ſepulcre, où il ſe quitte luy-même, en devenant autre choſe que ce qu'il eſtoit, *cùm enim morietur homo, hæreditabit ſerpentes & beſtias, & vermes:* ah Dieu! quels ſucceſſeurs y trouverons-nous, quels étranges heritiers! quelle horrible transformation y verrons-nous! & ſi en la conſiderant nous diſons à noſtre amour propre ce que ces pieuſes perſonnes dirent à Jeſus-Chriſt, en le menant au tombeau de leur frere, venez & voyez, *veni & vide*; de quelle horreur ne ſerons-nous pas ſaiſis! c'eſt-là où veritablement l'homme eſt dépoüillé de toutes choſes: la vie, la ſanté, la grandeur, la jeuneſſe, la beauté, tout a diſparu; ſa reputation, ſon nom meſme & juſqu'à ſa memoire, tout eſt enſeveli avec luy, tout eſt aneanti, *homo cùm mortuus fuerit, atque consumptus*, *ubi quæso est?* aprés cela, pourquoy s'étonner si l'Ecriture compare la mort qui nous ravit ainsi toutes choses, tantost à une lampe qui s'éteint, *lucerna impiorum extinguetur*: tantost à un torrent qui entraîne avec rapidité tout ce qu'il trouve, *superveniet eis inundatio*: tantost à une maison dont les voleurs ont tout enlevé, *veniet sicut fur*: tantost à la nudité mesme, *nudus egressus sum de utero matris meæ, nudus revertar illuc*: tantost enfin au réveil d'un homme qui ne trouve rien entre ses mains des grandes richesses qu'il s'imaginoit posseder en dormant: *dives cùm dormierit nihil secum auferet, aperiet oculos suos & nihil inveniet?* Combien donc justement les Apostres en congediant toute cette troupe de peuple qui les suivoit, *dimittentes turbam*, representerent-ils au naturel l'état déplorable de l'homme mourant qui prend congé de tout le monde, & qui se separe pour jamais de tout ce qu'il posséde sur la terre, pour faire le grand trajet de cette vie en l'autre: *transfretemus trans stagnum*. Passons au delà de ce Lac: traversons cet étang: *transeamus contra*, disoit le Sauveur à ses Disciples: figurant par avance le torrent de sa passion, lorsqu'il passeroit de ce monde à son Pere: *sciens Jesus quia venit hora ejus ut transeat de hoc mundo ad patrem..... egressus est trans torrentem Cedron*. C'est de ce torrent dont le Prophete à peine échapé, & parvenu à l'autre bord, disoit à Dieu: Seigneur, mon ame a passé le torrent, cet abîme effroyable d'eau qui m'a pensé submerger: *torrentem pertransivit anima nostra..... aquam intolerabilem*. La grandeur du péril qu'il a couru, dit saint Augustin, peut

peut à peine luy laisser croire qu'il l'a passé : *quia magnitudo periculi, vix fecit credibile quod evasit.*

## TROISIE'ME CONSIDERATION.

Que si par toutes ces raisons la mort est à craindre, combien l'est-elle encore davantage par les horribles tentations du demon en cette derniere heure, & qui furent figurées par ces vents impetueux, & ces violens tourbillons qui agiterent la Nacelle apostolique ? *& facta est procella magna venti, & fluctus mittebat in Navim ; ita ut Navicula operiretur fluctibus :* établissons bien cette verité.

1°. Le premier homme n'eut pas plûtost levé le pied contre le Seigneur, pour s'exprimer avec l'Ecriture, que le serpent reçut le pouvoir d'insulter le talon de l'homme : *& tu insidiaberis calcaneo ejus* : c'est à dire, d'attaquer l'homme, & par l'endroit qu'il tiendroit à la terre ; & à l'extremité de la vie, representée par l'extremité du corps, excitant en luy ces orages interieurs, dont l'orage exterieur d'aujourd'huy n'est que l'image, *calcaneum quasi extrema pars corporis serpenti obnoxia, & patens vulneri*, dit saint Ambroise : pourquoy craindray-je au jour mauvais, disoit le Prophete ? *cur timebo in die mala ?* quel doit estre alors le sujet de ma terreur ? c'est sans doute la permission donnée à l'ennemi de la perseverance finale, qui ne se tint pas ferme dans la voye de la verité, de me tenter de la mesme inconstance qui le fit trebucher, & dont il fit trebucher nos premiers parens,

Kkk

& de tâcher de me ſupplanter s'il peut : *iniquitas calcanei mei circundabit me.* Ah ! je reconnois dans ces paroles, continuë ſaint Ambroiſe, la morſure de ce vieux ſerpent, dont Adam, & tous ſes deſcendans ont reſſenti & reſſentent encore la playe : *iniquitas calcanei noſtri, in quo Adam dente ſerpentis eſt vulneratus, & obnoxiam hæreditatem ſucceſſionis humanæ, ſuo vulnere dereliquit, ut omnes illo vulnere claudicemus.* C'eſt pourquoy le Sauveur lava les pieds à ſes Apôtres, pour les purifier de ce venin ſi contagieux, & les prémunir contre le pas gliſſant de la fragilité humaine : *unde Dominus Diſcipulis pedes lavit, ut lavaret venena ſerpentis contra lubricum, &c.* qui donc ne ſe precautionnera pas contre de tels efforts, qui ne ſe défiera pas de ſa propre foibleſſe ?

2°. Le livre de Job nous dépeint le demon à cette derniere heure comme un monſtre énorme, dont la queuë, c'eſt à dire, les derniers efforts qu'il fait pour nous perdre, ſont autant au deſſus des tentations communes, que les grands Cedres ſont pardeſſus les moindres arbriſſeaux : *ſtringit caudam ſuam quaſi Cedrum.* Saint Gregoire expliquant ce paſſage nous enſeigne cette verité par rapport aux tentations de Satan à la fin du monde, qui exercera alors publiquement à l'égard des hommes en general, ce qu'il exerce à preſent ſecretement à l'égard de chaque homme en particulier : *quid autem cauda Behemoth iſtius ? niſi illa antiqui hoſtis extremitas dicitur : cauda cedro comparatur :* Monſtre d'autant plus redoutable, qu'il eſt appellé dans l'Ecriture, & lion parce qu'il nous attaque à force oüverte, & ſerpent, parce qu'il nous tend des pieges par ſes artifices : *Leo quia apertè ſævit, draco quia occultè inſidiatur*, dit ſaint Auguſtin : l'une ou l'autre de ces deux tentations ſuffiroit pour nous perdre, mais la malice du demon & ſa haine contre l'homme, les réünit toutes deux enſemble : *ſed quia antiquus hoſtis in cunctis ſuis viribus efferatur, ſævire per utraque permittitur*, continuë ſaint Gregoire. Qui ne craindra donc un ſi dangereux ennemi & de ſi terribles tentations ?

3°. Le Prophete Roy diſoit dans un ſaint tranſport, heureux l'homme qui remplit ſon cœur des penſées de l'éternité, & qui diſpoſe ſes comptes pour ſe préparer un jugement favorable ! *Beatus vir qui implevit deſiderium ſuum ex ipſis :* il ne ſera point confondu lors qu'à la porte qui de ce monde nous introduit à l'autre, il parlera avec une ſainte aſſurance aux ennemis de ſon ſalut, qui voudront luy fermer l'entrée du Ciel ; *non confundetur cùm loquetur inimicis ſuis in porta.* Heureux & digne de toute loüange, dit ſaint Jerôme, celuy que le dernier jour de ſa vie trouvera ſervant le Seigneur, & à qui l'on dira à la porte du paradis: parce que vous avez pleuré pendant voſtre vie, entrez à preſent dans la joye du Seigneur : *felix & omni dignus beatitudine, quem ſenectus Chriſto occupat ſervientem, quem extrema dies Salvatori invenerit militantem : non confundetur cùm loquetur inimicis ſuis in porta : cui in introitu paradiſi dicetur : recepiſti mala in vita tua, nunc autem hîc lætare* ; mais que deviendra celuy à qui l'on dira : *recepiſti bona in vita tua ?* car il eſt difficile,

& mesme impossible de jouïr des biens & des plaisirs de ce monde, & des biens de l'autre, continuë le mesme Saint : *difficile, imò impossibile est, ut & præsentibus quis, & futuris fruatur bonis :* de passer des delices aux delices, *ut deliciis transeat ad delicias :* d'estre le premier sur la terre, & le premier au Ciel : de se voir chargé de loüanges dans le siecle present, & de gloire dans le siecle avenir : *ut in utroque sæculo primus sit, ut & in cælo & in terra gloriosus appareat :* d'avoir obéï au demon pendant la vie, & de luy resister à la mort, ce sont des choses qui ne peuvent compatir ensemble.

4°. Jesus-Christ luy-mesme sur la fin de sa vie mortelle voulut estre tenté par le demon, qui quoyque vaincu dans le desert, ne se retira que pour un temps, *recessit usque ad tempus :* il revint lors de la passion susciter cet horrible bouleversement, dans lequel il croyoit envelopper le liberateur du genre humain, avec le genre humain mesme : voicy vostre heure, disoit ce divin Sauveur aux Juifs, pour lors les instrumens visibles de cet invisible ennemi : voicy vostre heure & celle de la puissance du Prince des tenebres, *hæc est hora vestra, & potestas tenebrarum :* il revint donc ce tentateur lorsque Jesus-Christ fut prêt de passer de ce monde à l'autre : *venit enim princeps hujus mundi, & in me non habet quicquam :* il eut l'audace de se presenter à celuy qui ne luy devoit rien ; d'émouvoir une effroyable tempeste contre celuy qui commande à la mer & aux vents ; de tenter celuy qu'il n'eût pû tenter, s'il ne le luy eût permis, & auquel il ne permit de le tenter, que pour luy ôter ses forces, & nous communiquer la vertu de vaincre ſes tentations. Voicy comme le Prophete, ou plûtoſt Jeſus-Chriſt en ſa perſonne, décrit cette tourmente, *nam quod Chriſtus hîc loquatur, dubitare omnino non permittitur*, dit ſaint Auguſtin : ſauvez-moy, mon Dieu, de l'orage, parce que les eaux des tribulations ſont entrées juſques dans l'intime de mon ame, en me noyant dans l'amertume, & en m'ôtant la vie, *ſalvum me fac Deus, quoniam intraverunt aquæ uſque ad animam meam.* Je ſuis plongé dans un abîme ſans fonds : *infixus ſum in limo profundi, & non eſt ſubſtantia.* La tourmente m'a jetté dans la haute mer, & je ſuis deſcendu dans la profondeur de ſes abîmes, ou comme un autre Jonas, un monſtre effroyable m'a englouti : *veni in altitudinem maris, & tempeſtas demerſit me.* Mais, ô mon Dieu, c'eſt pour en ſortir le troiſiéme jour : Maiſtre des élemens, vainqueur de l'enfer & des demons, & liberateur du genre humain, qui précipité depuis long-temps, gemiſſoit dans ces meſmes gouffres dont je l'ay retiré : *gratias ipſius miſericordiæ, quia venit in altitudinem maris, & glutiri à marino cete dignatus eſt, ſed evomitus eſt tertiâ die : venit in altitudinem maris, in qua altitudine nos depreſſi eramus, in qua altitudine nos naufragium paſſi eramus, &c.* Telle fut cette horrible tempeſte que noſtre divin chef voulut bien ſouffrir lors de ſa paſſion & de ſa mort, pour conſoler, & encourager ſes Diſciples qui l'invoqueroient dans les dernieres tentations, dont la tempeſte d'aujourd'huy qui allarma ſi fort les Apôtres n'eſtoit que la figure : ſi donc le Maiſtre a eſté exercé ainſi, que ſera-ce des Diſciples ?

5°. Saint Jean dans son Apocalypse n'affoiblit point cette idée, lorsqu'il nous represente Satan, ce grand dragon, ce vieux serpent, chassé du Ciel : *& projectus est draco ille magnus, serpens antiquus, qui vocatur diabolus & Satanas, & projectus est*, & qu'il s'écrie, malheur à la terre & à la mer, *væ terræ & mari :* car je vois le Diable plein de rage & du fureur, fondre sur les hommes comme un éclair & comme un tourbillon de vent impetueux, sçachant qu'il n'a qu'un peu de temps pour les abîmer s'il peut, & ce peu de temps est celuy de leur fin derniere, aprés quoy ses efforts seront vains : *descendit diabolus habens iram magnam, sciens quia modicum tempus habet.* Comment donc ne pas apprehender la rage d'un tel ennemi ? *væ, væ, væ, habitantibus in terra :* ajoûte le mesme Evangeliste, malheur, malheur, malheur à ceux qui habitent en terre, il ne dit pas sur la terre, pour nous faire entendre que c'est aux hommes terrestres, aux hommes attachez à la terre, à qui ces menaces s'adressent particulierement, ainsi qu'observe saint Ambroise : *non utique omnes homines comprehendit, sunt enim & in terris positi, quorum conversatio in cœlis est, sed eos quos terrenæ conversionis affectus, ac hujus sæculi vicerit gratia.* Soyons donc, non habitans de la terre, mais pelerins sur la terre, continuë ce Pere, si nous voulons ne pas craindre quand il faudra quitter la terre, si nous voulons ne pas crandre les dernieres tentations de celuy qui du Ciel est tombé en terre, & qui veut nous empescher de nous élever de la terre au Ciel : *ergo non habitatores, sed accolæ simus terræ hujus.*

6°. Les Peres les plus saints & les plus éclairez, nous assurent comme une chose constante, & fondée sur un grand nombre d'experiences, que les demons infestent mesme quelquefois visiblement les moribonds, & font tous leurs efforts pour enlever alors leur ame s'ils peuvent. Ils appellent ces esprits malfaisans, les appariteurs de la mort; des spectres affreux; des figures effrayantes; des visages menaçans; des puissances formidables; des mines hideuses: *apparitores mortis : diræ facies : formæ minaces : potestates sævæ : figuræ formidabiles : formæ terribiles atque horrendæ.* Que ferez-vous, dit saint Ephrem, lorsque les troupes infernales assiegeront vostre lit à l'heure de la mort? lors que les executeurs de la Justice divine se presenteront à vous au sortir de cette vie : lorsque les armées des puissances invisibles vous environneront & se saisiront de vous? lorsque tout effrayé, & comme transporté hors de vous-mesme, vous vous verrez seul au milieu d'une telle foule d'ennemis? *quando dominicę copię atque satellites advenerint atque apprehenderint : ecce verè exercitus cęlestes; ecce potestates ęternę ; ecce figurę formidabiles; ecce formę terribiles, atque horrendę.* Personne autre que le moribond ne voit un si terrible spectacle, qui le remplit de terreur & d'effroy. *Ita tunc qui abripitur solus videt, & ad presentes potestates stupefactus extra se rapitur.* L'enfer s'est ému à vostre arrivée, comme pour aller au devant de vous, dit le Prophete, il a suscité contre vous des geans, & des phantômes d'une grandeur énorme : *infernus subter te conturbatus est in occursum adventus tui, suscitavit tibi gigantes :* qui ne seroit effrayé à de telles apparitions ? qui ne devroit se préparer à de semblables angoisses ?

7°. L'Eglise dont les prieres contiennent la doctrine dans la solennelle administration des derniers Sacremens, lorsque le fidelle est à l'agonie, & qu'il est temps de luy donner l'Extrême-onction, met en la bouche de ses Ministres des especes de conjurations capables de faire trembler les plus hardis : que les demons ne trouvent aucun accés en ce lieu, dit-elle : *effugiat ex hoc loco accessus dęmonum :* que par l'imposition de nos mains, toute la force du diable soit éteinte dans ce malade : *extinguatur in te omnis virtus diaboli per impositionem manuum nostrarum :* que toutes les puissances contraires se retirent : *avertat Deus omnes contrarias potestates :* que Satan, ce détestable adversaire s'en aille hors d'icy avec ses satellites, *cedat tibi teterrimus Satanas cum satellitibus suis*, & qu'à vostre sortie de ce monde, mon frere, il soit effrayé de la presence des saints Anges qui vous accompagneront : *in adventu tuo te comitantibus Angelis contremiscat* ; que mis en fuite, il se retire dans le noir cahos de cette nuit éternelle à laquelle il est condamné : *atque in ęternę noctis cahos immane diffugiat.* Que toutes les legions de l'enfer disparoissent ; que les ministres de Satan n'osent pas s'opposer à vostre passage de ce monde à l'autre : *confundantur omnes tartareę legiones, & ministri Satanę iter tuum impedire non audeant.* Que le Seigneur Jesus-Christ qui a tant souffert pour vous, daigne vous délivrer de toute peine : que le Seigneur Jesus qui a bien voulu mourir pour vous, daigne vous préserver de la mort éternelle

éternelle. Telles ſont les paroles de l'Egliſe, telles ſont ſes prieres, telle eſt ſa doctrine. Voicy ce qu'elle ajoûte encore dans l'oblation du ſacrifice pour les morts : Seigneur Jeſus-Chriſt, délivrez les ames des fidelles defunts, des peines de l'enfer, & du lac profond, delivrez-les de la gueule du lion : que l'abîme ne les engloutiſſe pas, & qu'elles ne tombent pas dans le cachot obſcur. Les paroles latines ſont ſi connuës, qu'il n'eſt pas neceſſaire de les tranſcrire icy, plaiſe à Dieu qu'elles ſoient gravées bien avant dans nos cœurs, qu'elles y faſſent de ſalutaires impreſſions, & qu'elles nous faſſent comprendre les violences de l'ennemy dans cette derniere heure, les horribles tentations dont il nous attaque alors, le beſoin que nous avons de la prévoir & de la prévenir par nos prieres, par nos larmes, & par nos bonnes œuvres, de peur que nous ne ſuccombions enfin aux violens efforts de ces grandes tentations, figurées par les tourbillons, & les vents impetueux dont la Nacelle Apoſtolique fut agitée ſelon l'Evangile de ce jour : *& deſcendit procella magna venti in ſtagnum, ita ut Navicula operiretur fluctibus & complebantur, & periclitabantur.*

## QUATRIEME CONSIDERATION.

1°. Aux tentations du demon à l'heure de la mort, figurées par ces vents impetueux, ſuccedent les agitations de la mauvaiſe conſcience, figurées auſſi par les mouvemens violens de la mer qui menaçoit la Nacelle d'un effroyble naufrage : *& ecce motus ma-*

*gnus factus est in mari*. Les reflexions du pecheur tranquille jusqu'alors, commencent à le remuer : le souvenir de ses crimes le réveille : il s'inquiete ; il se trouble ; il s'allarme ; & peu à peu tout se bouleverse en luy. L'orage s'éleve ; les pensées flotantes & noires, comme des ondes enflées qui se poussent l'une sur l'autre, le jettent dans une incroyable consternation : il voit qu'il faut enfin sortir de ce monde, & s'en aller dans une autre region : ces terribles jugemens de Dieu qu'il voudroit ne pas croire, mais qu'il ne peut s'empêcher de craindre, achevent de mettre tout en desordre chez luy. Il cherche du repos, & il n'en trouve plus, pas mesme dans son incredulité : ah ! quelles sont ses angoisses celuy qui jusqu'alors avoit commandé aux reproches de sa conscience de se taire, comme un autre Antiochus qui prétendoit commander aux flots de l'ocean irrité de se calmer, *qui sibi videbatur etiam fluctibus maris imperare*, se trouve comme englouti dans une mer profonde de tristesse, d'incertitude, de desespoir, & dit avec ce Prince infortuné : *in quos fluctus tristitiæ in quo nunc sum* ! il repasse dans son esprit la triste histoire de sa vie ; un bon naturel perverti ; une sage éducation méprisée ; une jeunesse corrompuë ; des graces infinies rejettées ; des pechez sans nombre, & des crimes énormes commis ; des meurtres ; des adulteres ; des sacrileges ; des injustices ; des impietez ; le flambeau de la foy presque éteint ; un cœur tout endurci, un Juge irrité ; l'enfer ouvert ; le Ciel fermé ; une éternité malheureuse : tout cela, & mille autres semblables pensées, roulent dans son eſprit, & agitent ſa conſcience timide, ſemblable à une mer émuë, *& ecce motus magnus factus eſt in mari.* La ſeule reſſource qu'il pourroit eſperer dans cette extremité, ſeroit d'avoir du temps pour calmer l'orage & faire penitence ; mais il n'y a plus de temps pour luy ; tout eſt paſſé ; la fin de ſa vie eſt venuë ; cet Ange terrible qui leve la main vers le Ciel, & qui jure par celuy qui vit aux ſiecles des ſiecles, qu'il n'y aura plus de temps, le conſterne ; *& juravit per viventem in ſęcula ſęculorum, quia tempus non erit amplius.* Saint Gregoire le Grand en deux endroits de ſes ouvrages, & ſur tout dans une Homelie à ſon peuple, a bien voulu nous en donner un exemple formidable arrivé de ſon temps dans une Province prés de Rome, en la perſonne d'un homme de qualité, auſſi riche que ſenſuel, & dont il rapporte meſme le nom, tant la choſe eſtoit publique : mais enfin, dit ce grand Pape, Dieu voulant mettre fin à une ſi déplorable vie, le frappe d'une maladie mortelle : eſtant à l'extremité, & prés d'aller rendre compte de ſes méchantes actions, tout d'un coup il commence à ouvrir les yeux d'une façon égarée ; il voit des ſpectres affreux tout autour de luy, qui ſe mettent en devoir d'emporter ſon ame en enfer : *vidit tetros & nigerrimos ſpiritus coram ſe aſſiſtere, & vehementer imminere, ut ad inferni clauſtra eum raperent* : le voilà qui tremble, qui pâlit, qui ſuë : *cœpit tremere, palleſcere, ſudare :* il ſe met à jetter de grands cris & à demander du temps : *& magnis vocibus inducias petere :* enſuite s'adreſſant à ſon fils nommé Maxime, que j'ay vû depuis Religieux dans le Monastere, continuë saint Gregoire, il l'appelle d'une voix tremblante & entrecoupée: mon fils Maxime, crioit-il, mon fils Maxime, à mon secours, mon cher enfant, venez viste me défendre: venez viste me secourir: *Maxime curre, Maxime curre:* le fils tout hors de luy accourt, toute la famille s'assemble autour du lit: le moribond s'agite & se tourne tantôt d'un côté, tantôt de l'autre; *huc illucque vertebatur in lectulo*: il se couche sur le côté gauche, il y trouve ces figures épouventables: il se tourne sur le côté droit, il les y rencontre encore: ne sçachant plus où se mettre, & ne pouvant ny souffrir ny chasser de devant luy ces persecuteurs effroyables; il se met de nouveau à crier d'une maniere lamentable, treve jusqu'à demain, treve au moins jusqu'à demain: *inducias vel usque mane, inducias vel usque mane*: & en finissant ces paroles, il finit sa miserable vie, sans pouvoir en obtenir la prolongation de quelques heures. Telle est l'agitation de la conscience du pecheur à l'heure de la mort, representée par l'agitation de la mer qui menaçoit du naufrage la Nacelle Apostolique d'aujourd'huy: *& ecce motus magnus factus est in mari.*

2°. La terreur de ce naufrage que les vents impetueux, & la mer agitée, causerent aux Apôtres, & qui les fit crier: Seigneur sauvez-nous, car nous perissons; *Domine salva nos perimus*; que nous represente-t-elle, sinon la crainte de la mort qui s'empare du pecheur, déja affoibli par les tentations du demon, & par le trouble de sa mauvaise conscience: aussi le Seigneur ne s'est-il jamais montré plus redoutable à l'homme que quand il l'a menacé de luy ôter la vie, & jamais l'homme ne s'est-il montré plus consterné qu'à cette menace? *morte morieris*, dit-il à nôtre premier Pere, pour le contenir dans l'observation de ses loix: Pharaon le plus endurçy des pecheurs, resista à tous les fleaux de la colere divine, mais quand la mort fut entrée chez luy, la frayeur le saisit, & il pressa les Israëlites de s'en aller au plûtôt, luy qui jusqu'alors malgré tant de châtimens, les avoit opiniâtrement retenus: *urgebantque Ægyptii populum exire velociter, dicentes, omnes moriemur.*

Saül cę Prince si vaillant & si intrepide, apprenant qu'il n'avoit plus qu'un jour à vivre, tomba par terre tout hors de luy, destitué de force & de courage: *statimque Saül cecidit porrectus in terram, extimuerat enim verba Samuelis, & robur non erat in eo.*

Achab obstiné dans l'impieté & appellé dans l'Ecriture, un homme vendu pour faire le mal; menacé par le Prophete Elie d'une mort desastreuse, déchira ses vêtemens, & se couvrit d'un cilice; il jeûna; il coucha sur la dure; il s'humilia, il abaissa sa tête orgueilleuse: *itaque cùm audisset Achab sermones istos, scidit vestimenta sua, & operuit cilicio carnem suam, jejunavit & dormivit in sacco, & ambulavit demisso capite.*

Sardanapale & les Ninivites, quoyque plongez dans un abîme de crimes & dans un profond oubli de Dieu, apprenant du Prophete Jonas leur ruine prochaine, se condamnerent à une penitence qui n'eut jamais d'égale: *plenam terroribus pœnitentiam egerunt*, dit le Concile: tant la crainte d'estre abîmez ſous les ruines de leur Ville les frappa : *quis ſcit ſi convertatur & ignoſcat Deus , & non peribimus?* diſoient-ils tout hors d'eux-meſmes.

Antiochus le plus orgueilleux , le plus cruel , & le plus fier des hommes , trembla à l'approche de la mort , & cria miſericorde : *orabat hic ſceleſtus miſericordiam.*

En un mot, c'eſt le ſort des pecheurs , ils tombent dans une extrême défaillance quand la mort ſe préſente à eux , & pour lors humiliez ils invoquent le Seigneur : *cùm occideret eos quærebant eum.*

Comment ne trembleroient-ils pas alors , puiſque pluſieurs Saints ont apprehendé eux - meſmes , quelque confiance qu'ils euſſent au Seigneur ? la mort porte avec elle ce caractere terrible.

Job ſaint juſqu'au miracle, dit ſaint Jerôme , apprit ſans s'émouvoir toutes les calamitez dont la providence permit au demon de l'éprouver; mais à la nouvelle de la mort de ſés enfans , il tomba par terre : *corruit in terram.*

Jacob voyant la robe enſanglantée de ſon fils Joſeph qu'il croyoit devoré par les beſtes, refuſa de recevoir aucune conſolation : *noluit conſolationem accipere.*

David ce ſaint Roy , combien de fois paroît-il effrayé dans la vûë de la mort , au milieu meſme de ſes Cantiques & de ſes Pſeaumes ? *timor mortis cecidit ſuper me.*

Ezechias, Prince auſſi pieux que grand & genereux, averti par le Prophete de faire ſon teſtament, parce que la fin de ſes jours eſtoit venuë, perdit courage, & ſe mit à pleurer : *flevit Ezechias fletu magno.*

Saint Arſene ſi celebre & à la Cour des Empereurs & au deſert, interrogé du ſujet des larmes qu'il répandoit un moment avant d'expirer, répondit, qu'il n'avoit jamais eſté ſans craindre cette derniere heure : *dum ergo moreretur cœpit flere : & cùm fratres requirerent, dicentes, quid fles, Pater ? ille reſpondit ; in veritate timeo, & iſte timor ſemper in me fuit.*

Un autre pieux Anachorete ſe trouvant au meſme cas, ſe mit à trembler, & répondit à ceux qui luy en demandoient la raiſon : j'ay toûjours apprehendé trois choſes : la premiere, la ſéparation de mon ame d'avec mon corps : la ſeconde, d'eſtre preſenté au redoutable tribunal de Dieu : & la troiſiéme, l'incertitude de la ſentence qui ſera prononcée ſur moy. *Tria timeo, ſeparationem animæ à corporeæ : adſtare coram tribunali Dei : incertam ſub tam diſtricto judice ſententiam.*

Saint Hilarion prêt de rendre l'eſprit, s'apoſtrophoit ainſi, dit ſaint Jerôme : ſors mon ame, ſors, que crains-tu ? il y a ſoixante & dix ans que tu ſers Jeſus-Chriſt, & tu crains la mort ? *egredere anima mea, egredere, quid times ? ſeptuaginta annis Chriſto ſerviſti, & mortem times ?* à combien de moribonds pourroit-on dire au contraire : il y a ſoixante & dix ans que vous ſervez le monde, & vous ne craignez pas la mort ?

Saint Auguſtin viſitant un bon Evêque malade à l'extremité, luy diſoit qu'il eſperoit que Dieu luy redonneroit la ſanté, parce qu'il eſtoit neceſſaire à l'Egliſe : ce bon & vertueux Prélat luy répondit : s'il ne faut jamais mourir, à la bonne heure, mais s'il faut un jour mourir, pourquoy non aujourd'huy? *ſi nunquam, bene : ſi aliquando, cur non modò?* paroles que ſaint Auguſtin repaſſoit avec édification, & avec gouſt lors de ſa derniere maladie. Luy-meſme au lit de la mort liſoit ſans ceſſe les Pſeaumes de la penitence écrits en gros caracteres, & verſoit continuellement des larmes : *Pſalmos de pœnitentia jacens in lecto contra parietem poſitos, legebat, & jugiter, ac ubertim flebat.*

Saint Jerôme penetré de crainte dans la vûë de ſes pechez & des jugemens de Dieu, trembloit à toute heure, attendant de moment à autre d'aller paroiſtre devant le juſte Juge, pour y rendre compte de toute ſa vie : *ego cunctis peccatorum ſordibus inquinatus, diebus ac noctibus opperior cum tremore reddere noviſſimum quadrantem.*

Enfin qui ne craindroit, quelque pieux qu'il ſoit, quand il penſe ſerieuſement à ces maximes ſi connuës : que les jugemens de Dieu, ſont bien differens de ceux des hommes : que les jugemens de Dieu ſont des abîmes incomprehenſibles : que nul ne ſçait s'il eſt digne d'amour ou de haine ; que le juſte ſera à peine ſauvé ; que Dieu eſt terrible dans ſes jugemens ſur les enfans des hommes : écoutons & écoutons avec fruit cette priere de l'Egliſe ſur les agoniſans : plaiſe à Dieu, mon cher frere, leur dit-elle, que vous n'éprouviez point tout ce qui effraye dans les tenebres : tout ce qui brûle dans les flammes : tout ce qui gêne dans les tourmens : *ignores omne quod horret in tenebris, quod ſtridet in flammis, quod cruciat in tormentis.*

CINQUIE'ME

## CINQUIE'ME CONSIDERATION.

Que ſi l'impetuoſité des vents, l'agitation de la mer, & la crainte du naufrage ſignifioient la violence des tentations, le trouble de la conſcience, & la terreur de la mort que ſouffrent les pecheurs à la fin de leur vie ; le ſommeil myſterieux du Sauveur pendant toute cette tempeſte, n'eſt-il pas l'image du funeſte abandon de Dieu dont ils ſont ſi ſouvent menacez dans les Ecritures ? ils délaiſſent le Seigneur pendant leur vie, le Seigneur les délaiſſe à l'heure de la mort : ils ſe moquent du Seigneur à preſent, il ſe rira deux alors : ils ne ſe ſont pas réveillez de l'aſſoupiſſement du vice quand il les a appellez, il dormira pour eux, quand ils l'appelleront à l'heure de leur mort. L'Ecriture nous en donne un exemple celebre en la perſonne de Saül, toujours déſobéïſſant aux ordres du Seigneur, toujours rebelle à ſes loix, toujours infidele à ſes graces ; & enfin abandonné pour toujours du Seigneur qu'il avoit ſi ſouvent abandonné : car ſur la fin de ſes jours ſe voyant environné d'une armée formidable d'ennemis puiſſans, il en fut effrayé & il perdit courage : *& vidit Saul caſtra Philiſtiim, & timuit & expavit cor ejus.* Que ſera-ce donc quand le pecheur à l'heure de la mort verra ces legions formidables de l'enfer qui ſe préſenteront à luy, & qu'un Miniſtre du Seigneur dira inutilement ſur luy : *confundantur & erubeſcant omnes tartareæ legiones ?* Saül en fut une figure déplorable, car épouvanté à la vûë de ses ennemis, & se voyant reduit à l'extremité, il eut recours à Dieu, mais il ne le secourut pas; il consulta le Seigneur, mais il ne luy répondit pas, ny par le ministere des Prêtres, ny par aucun songe mysterieux, & il se trouva livré à luy-mesme, & à sa mauvaise fortune, *consuluitque Dominum qui non respondit ei*. Celuy dont il avoit méprisé les ordres dans la prosperité, refusa de les luy manifester dans son adversité: il fut sourd à sa voix comme il avoit esté sourd à la sienne: *& non respondit ei, neque per somnia, neque per sacerdotes*; que feray-je, disoit-il, en quelle angoisse, suis-je reduit? *coarctor nimis*: je suis pressé de toutes parts, mes ennemis m'entourent, & le Seigneur s'est retiré de moy; *si quidem Philistiim pugnant adversum me, & Deus recessit à me*; il n'a voulu m'exaucer ny par l'organe de ses Prophetes; ny par aucune illustration de sa bonté; *& exaudire me noluit, neque in manu Prophetarum, neque per somnia*: Saül autrefois loin de vouloir entendre les Prêtres les avoit fait mourir: il meurt, & Dieu refuse de luy parler par les Prestres: il avoit desobéï aux Prophetes qui luy portoient les ordres du Seigneur, les Prophetes invoquez n'ont plus rien à luy dire de la part du Seigneur. Tout est fermé pour luy. Samuël pendant sa vie avoit fait sçavoir à Saül victorieux les volontez de Dieu, & il ne les avoit pas suivies: Saül désolé témoigne maintenant les vouloir connoistre, & il ne se trouve personne qui les luy découvre: que fait ce Prince malheureux dans son desespoir? il a recours au demon, il évoque par le moyen de la magie, les ombres de l'enfer ; mais il trouve ſa punition dans ſon crime, & il apprend que l'enfer qu'il prenoit pour ſon oracle, ſeroit le lendemain ſon domicile : *cras tu & filii tui mecum eritis.*

C'eſt ce qui nous eſt repreſenté par le ſommeil myſterieux de Jeſus-Chriſt pendant toute cette horrible tempeſte, il dormoit tranquillement ſur un oreiller, & cela à la poupe, d'où dépendoit le gouvernement & le ſalut de la Nacelle. *Ipſe verò dormiebat in puppi ſuper cervical :* que fuſſent devenus les Apôtres s'il n'euſſent pû l'éveiller, ou s'il eût diſparu pour eux, & que ne ſçachant où le trouver, ils euſſent en vain crié, Seigneur, ſauvez-nous car nous périſſons ! Combien cette ſouſtraction de graces eſt-elle à craindre, & par rapport à l'heure importante où on ſe trouve, c'eſt celle de la mort, la plus terrible des calamitez, celle d'où dépend l'éternité : & par rapport aux ennemis formidables qui excitent toute cette tempeſte, ce ſont les demons ; & par rapport à l'infirmité humaine & à la conſcience allarmée, deſtituée de toute eſpece de ſecours ; & enfin par rapport au Seigneur, qui s'eſt profondément endormi pour lors : *& factus eſt tanquam dormiens Dominus :* écoutons le Prophete tandis que nous pouvons l'écouter utilement : cherchez le Seigneur, nous dit-il, tandis qu'il peut-être trouvé. *Quærite Dominum dum inveniri poteſt :* invoquez le Seigneur tandis qu'il eſt prés de vous : *invocate eum dum prope eſt.* Il y a donc un temps où on le cherche, & ou on ne le trouve pas : *quæretis me, & non invenietis :* où on l'appelle, & où il ne répond pas : *clamabunt ad* *me*, *& non exaudiam*: où nous cherchons sa face, & où il nous tourne le dos : *dorsum & non faciem ostendam eis in die perditionis ipsorum.*

Il est vray qu'il ne nous abandonne pas si nous ne l'abandonnons les premiers ; *Deus non deserit*, *nisi deseratur*: mais il est donc vray qu'il y a un temps où pour l'avoir abandonné, il nous abandonne.

L'état ou les Apôtres encore peu parfaits se trouverent lorsqu'ils croyoient estre à leur derniere heure, ne fait-il pas voir combien on est peu capable alors de recourir au Seigneur?

On ne voit en eux rien de surnaturel : on n'y découvre par tout qu'une crainte humaine & servile, *perimus*, crioient-ils : contre ce que le Sauveur leur préchoit si souvent, *ne terreamini : nolite timere.* Ils craignoient de perdre une vie temporelle : & ils ne songeoient pas à la vie éternelle.

Ils craignoient la mort, ne faisant pas reflexion qu'ils avoient avec eux l'Auteur de la vie : *autorem vitæ*, & qu'ils avoient à craindre une seconde mort bien plus mauvaise.

Ils craignoient de faire naufrage, *perimus*, sans penser qu'ils avoient avec eux celuy qui commande à la mer & aux vents : *venti & mare obediunt illi.*

Ils manquerent de foy, ne croyant pas que le Seigneur pour lors endormi pût les sauver s'ils ne l'éveilloient : *& suscitaverunt eum* : il semble mesme qu'ils blasmerent la providence & la charité de leur Maître, l'accusant de ne pas sçavoir, ou de ne pas se soucier, du peril où ils estoient : *Magister non ad te pertinet quia perimus.*

Ils ſe crurent perdus, quoyqu'ils euſſent avec eux le ſalut & le Sauveur du genre humain : & dans leur trouble ils parurent preſque apprehender qu'il ne fût luy-meſme en danger de périr avec eux, *præceptor perimus* : ils furent trop long-temps à recourir à Dieu, préſumant de leurs forces & de leur induſtrie à conjurer l'orage.

Ils ne demanderent du ſecours que contre la tempeſte exterieure : ſans reflechir au trouble interieur de leur ame encore plus agitée que leur Nacelle : auſſi le Sauveur appaiſa premierement leur crainte avant que d'appaiſer la mer : *qui timidi eſtis, modicæ fidei ?* il releva leur foy avant que d'abatre le vent, *& dixit mari tace, & increpavit tempeſtatem* : & afin de leur faire meriter un miracle & leur délivrance, il les fit revenir à eux, pour les faire revenir à luy, *& facta eſt tranquillitas magna.*

Ils furent étonnez du pouvoir de Jeſus-Chriſt, comme s'ils ne l'euſſent pas cru ſi grand juſqu'alors : *qualis eſt iſte*, dirent ils ? montrant par là qu'ils n'étoient encore que des hommes, *mirati ſunt homines*, & qu'ils ne regardoient en Jeſus-Chriſt que l'homme.

Enfin ils n'eſtoient pas aſſez éclairez, ne ſçachant pas qu'eux, leur Nacelle & le Sauveur endormi, n'étoient que la figure de l'Egliſe dans la ſuite des ſiecles, laquelle peut eſtre tourmentée, mais ne peut eſtre ſubmergée, dit ſaint Auguſtin : *poteſt navicula illa turbari, ſed non poteſt mergi* : plaiſe à Dieu qu'il en ſoit ainſi de nôtre ame.

*Novembre* 1706.

## PRIVILEGE DU ROY.

LOUIS PAR LA GRACE DE DIEU, ROY DE FRANCE ET DE NAVARRE; A nos amez & feaux Conſeillers les gens tenans nos Cours de Parlement, Maiſtres des Requeſtes ordinaires de nôtre Hôtel, Grand-Conſeil, Prevoſt de Paris, Baillys, Senechaux, leurs Lieutenans Civils, & autres nos Juſticiers qu'il appartiendra; SALUT. Le Sieur DE LA CHETARDIE Curé de ſaint Sulpice, Nous ayant fait remontrer qu'il deſireroit donner au Public un Livre de ſa compoſition, intitulé, *Homelies ſur les Dimanches & autres jours de l'année, tant en Latin qu'en François*; s'il nous plaiſoit luy accorder nos Lettres de Privilege ſur ce neceſſaires: Nous luy avons permis & permettons par ces Preſentes, de faire imprimer ledit Livre en telle forme, marge, caractere, & autant de fois que bon luy ſemblera; & de le faire vendre & debiter par tout nôtre Royaume, pendant le temps de cinq années conſecutives, à compter du jour de la datte deſdites preſentes; Faiſons défenſes à toutes ſortes de perſonnes de quelque qualité & condition qu'elles puiſſent eſtre, d'en introduire d'impreſſion étrangere dans aucun lieu de nôtre obéiſſance; & à tous Imprimeurs-Libraires & autres, d'imprimer, faire imprimer, & contre-faire ledit Livre, en tout ni en partie, ſans la permiſſion expreſſe & par écrit dudit Sieur Expoſant, ou de ceux qui auront droit de luy; à peine de confiſcation des exemplaires contrefaits, de quinze cens livres d'amende contre chacun des contrevenans, dont un tiers à nous, un tiers à l'Hôtel-Dieu de Paris, l'autre tiers audit Sieur Expoſant, & de tous dépens, dommages & intereſts; à la charge que ces Preſentes ſeront enregiſtrées tout au long ſur le Regiſtre de la Communauté des Imprimeurs & Libraires de Paris, & ce dans trois mois de la datte d'icelles: Que l'impreſſion dudit livre ſera faite dans nôtre Royaume & non ailleurs, & ce en bon papier

& en beaux caracteres, conformément aux Réglemens de la Librairie ; & qu'avant de l'exposer en vente, il en sera mis deux exemplaires dans nôtre Bibliotheque publique, un dans celle de nostre Chasteau du Louvre, & un dans celle de nôtre tres-cher & feal Chevalier Chancelier de France, le Sieur Phelyppeaux, Comte de Pontchartrain, Commandeur de nos ordres. Le tout à peine de nullité des Presentes, du contenu desquelles, vous mandons & enjoignons de faire joüir l'Exposant, ou ses ayans cause, pleinement & paisiblement, sans souffrir qu'il leur soit fait aucun trouble ou empêchement : Voulons que la copie desdites qui sera imprimée au commencement ou à la fin dudit Livre, soit tenuë pour dûëment signifiée, & qu'aux copies collationnées par l'un de nos amez & Feaux Conseillers & Secretaires, foy soit ajoûtée comme à l'original : Commandons au premier nôtre Huissier ou Sergent, de faire pour l'execution d'icelles, tous actes requis & necessaires, sans demander autre permission, & nonobstant clameur de Haro, Chartre Normande & Lettres à ce contraires : CAR tel est nôtre plaisir. DONNE' à Versailles le vingtiéme jour de Fevrier, l'an de Grace mil sept cens six, & de nôtre Regne le soixante-troisiéme. Par le Roy en son Conseil, LE COMTE.

*Registré, ainsi que la Cession, sur le Registre de la Communauté des Libraires & Imprimeurs de Paris, page* 78. *Numero* 161. *conformément aux Réglemens, & notamment à l'Arrest du Conseil du* 13. *Aoust* 1703. *A Paris le* 26. *Fevrier* 1706.

Signé, GUERIN, Syndic.

Ledit Sieur Curé a cedé son droit au present Privilege à Raymond Mazieres, Marchand Libraire, pour en joüir en son lieu & place.

www.ingramcontent.com/pod-product-compliance
Ingram Content Group UK Ltd.
Pitfield, Milton Keynes, MK11 3LW, UK
UKHW020450180726
13839UKWH00004B/1751